L'ILE
DE
LA RÉUNION

MELUN

IMPRIMERIE ADMINISTRATIVE

1925

L'ILE

DE

LA RÉUNION

L'ILE

DE

LA RÉUNION

MELUN

IMPRIMERIE ADMINISTRATIVE

—

1925

RÉUNION
0 5 10 15 20 Kil.
PARTIE DU VENT
St DENIS
Pte du Gouffre
la Montagne
Ste Marie
Ste Suzanne
Bois Rouge
Pointe de l'Etang
Pointe des Galets
le Brûlé
Gillot
Bagatelle
Colosse
le Port des Galets
la Possession
Lambato
Riv. des Galets
St André
Savanna
Plaine des Fougères
Bras-Panon
St Paul
Mât
Harmonie
Cap la Houssaye
Cimandef
Salazie
St Benoît
Pte des Aigrettes
Pte de la Ravine sèche
Bernica
Riv. des roches
St Gilles
Majatte
Hellbourg
Ste Anne
l'Hermitage
Riv. Bernica
Piton des Neiges
Souing
Riv. des Marsouins
Trois Bassins
Gde Ravine
3069
Riv. des M.
Ste Rose
pinèdes
Riv. St François
Pte du Piton
Petit Bénard
2538
Salazes
les Palmistes
Cilaos
Grand
Bassin
Cascades
St Leu
Bd fond Dussac
pinèdes Makes
Grand Galets
Pte de Bretagne
le Portail
l'Entre Deux
Volcan de la Fournaise
les Avirons
Belle Vue
le Gd Brûlé
l'Etang Salé
Rav. des Cabris
Rav. Blanche
St Louis
Tampon
Bois Blanc
Pte de la Riv. St Etienne
Rav. Sèche
Pte de la Table
St Pierre
Terre Rouge
les Lianes
St Philippe
Vincendo
Pte des Sables blancs
Manapany
Basi
St Joseph
Pte de l'Anglais
PARTIE SOUS LE VENT

Chef-lieu d'Arrondt.
Chef-lieu de Canton.
Commune, Hameau.
Limite d'Arrondissement.
Chemin de Fer.
Route.   Canal.
Route avec service public d'Autos.

L'ILE DE LA RÉUNION

I

Situation géographique.

L'Ile de la Réunion, l'une de nos plus anciennes colonies, est située par 20° 51' 4" de latitude sud et 52° 10' de longitude est, entre Madagascar et l'Ile Maurice, à mi-chemin de la France et de l'Australie.

Elle fait par conséquent partie de la zone tropicale, et l'heure y avance d'environ 3 heures 32' 40" sur celle de Paris.

Description. — Aspect général. — Superficie.

La forme de l'île a été comparée à celle d'une tortue. C'est une ellipse dont le grand axe a 71 kilomètres, dirigé du sud-est au nord-est. Le petit axe a 50 kilomètres.

La superficie, non cadastrée, est évaluée à 268.108 hectares.

L'aspect général de l'île est des plus curieux, dans les pays chauds, pour une superficie aussi peu étendue.

C'est une pyramide, de formation volcanique, où dominent les roches basaltiques, qui s'élève des flots de la mer des Indes jusqu'à plus de 3.000 mètres de hauteur.

Sur les différents gradins de ce cône, autrefois couvert de forêts et encore très fertile et cultivé en de nombreux endroits, on trouve un échantillon de tous les climats habitables et de tous les produits du reste de la terre, depuis la zone torride, au climat parfois fiévreux sur la couronne du littoral, jusqu'à la Plaine des Cafres, au climat âpre et froid, pour aboutir aux régions parfois glacées du Piton des Neiges, le plus haut sommet de l'intérieur de l'île (3.069 mètres).

Le volcan.

A l'est du groupe principal, se trouve le massif du volcan actuel, où le cratère le plus élevé est situé dans un cirque presque parfait.

Il exhale ses vapeurs à 2.625 mètres d'altitude et ses coulées ne sont pas rares. Le dernier cratère a 600 mètres de hauteur et est à 6 kilomètres de la mer. La dernière grande coulée est de septembre 1902.

Les cirques de l'intérieur.

A l'intérieur du massif principal, à l'ouest et au nord du Piton des Neiges, se trouvent trois cirques d'un climat admirablement sain, rappelant les volcans éteints de l'Auvergne. Leurs parois s'élèvent de 1.500 à 2.000 mètres de hauteur. Ils occupent les emplacements de Mafatte, Cilaos, Salazie et contiennent de précieuses sources thermales, très efficaces contre les maladies des pays chauds.

Un sanatorium naturel.

L'Ile de la Réunion est donc le sanatorium tout indiqué pour Madagascar, sa grande voisine, Maurice et toute la mer des Indes jusqu'à l'Afrique du Sud.

Les îlets. — Les torrents. — Les plaines du littoral.

Ces cirques des hauts sont des plateaux très ondulés, avec de nombreux accidents de terrain. A travers des gorges encaissées entre de hauts remparts et où se trouvent de curieux îlets, des cours d'eau, torrents permanents, s'échappent de ces trois cirques, emportant à la côte tous les débris et matériaux terrestres auxquels est due la fertilité de la bande de terre plus ou moins large qui constitue le littoral et sur laquelle est assise la pyramide divisée en deux massifs centraux dont l'ensemble forme l'île.

Les plaines des hauts.

Autour des trois cirques, à une altitude voisine de 2.000 mètres, se trouve une couronne de plateaux plus ou moins inclinés. Ces plateaux qui passent pour très fertiles et très sains et qui contiennent d'assez gras pâturages sont généralement peu habités, d'un abord assez difficile, et, en somme, encore relativement peu exploités.

Population européenne et indigène.

La population de la Réunion (environ 175.000 habitants) est en grande majorité constituée par l'élément créole issu des familles françaises qui ont été les premières à occuper l'île ou qui s'y sont implantées depuis.

Elle comprend, en outre, des commerçants chinois ou hindous, des travailleurs immigrants de toutes provenances, placés sous un régime spécial, et pour la plupart d'origine indienne (Malabar, Bengali), cafre, indochinoise, comorienne, malgache, et enfin des spécimens de toutes les variations du mélange du blanc et du noir entre eux et avec les races susdites.

Chiffre de la population en 1921 : 173.190 habitants.

Nombre d'étrangers actuellement dans la Colonie : Malgaches : 2.957, Indiens : 2.190, Chinois : 1.052, Arabes : 709, divers : 158.

II

Comment on se rend dans la colonie.

Pour se rendre dans la colonie, on s'embarque à Marseille, où se trouvent deux lignes principales de paquebots partant aujourd'hui à des dates irrégulières.

Lignes de navigation.

La Compagnie des Messageries maritimes, dont le siège est à Paris, 8, rue Vignon, qui est subventionnée par l'État, et la Compagnie havraise péninsulaire de navigation à vapeur, 10, rue de Châteaudun, Paris.

Escales. — Durée du voyage.

Les départs des Messageries maritimes ont lieu, de Marseille, actuellement une fois par mois. Le voyage par mer est de 30 à 35 jours environ suivant les escales. Les principales escales sont : Port-Saïd, Suez, Djibouti, Aden, Monbaza, Zanzibar, Mayotte et les Comores, Madagascar, la Réunion et Maurice.

Passages.

Les prix des passages sont provisoirement fixés à : 1re classe 7.776 francs, 2e classe 6.012 francs, 3e classe 3.330 francs tarif général. Des conditions spéciales peuvent être obtenues pour les familles, en traitant de gré à gré avec la Compagnie.

Le prix des passages sur la Compagnie havraise est moins élevé que sur les Messageries.

Quelques petits vapeurs et voiliers battant pavillon anglais assurent en outre de fréquentes relations entre la Réunion et Maurice.

Débarquement.

Le débarquement a lieu au port de la Pointe-des-Galets, créé par l'industrie privée et repris par l'État, qui l'exploite depuis 1887.

III

Voies de communication à l'intérieur et moyens de transport. Chemins de fer.

Un chemin de fer conduit les voyageurs du port de la Pointe-des-Galets à Saint-Pierre, (71 kilom.) où se trouve un second port, et du port de Saint-Benoît (55 kilom.) en passant par Saint-Denis, capitale de l'île, siège du gouvernement et des différentes administrations.

Lignes de cabotage.

Les lignes de cabotage qui existaient autrefois d'une manière régulière autour de l'île ont été supprimées depuis l'inauguration du chemin de fer qui fait les deux tiers du tour de l'île.

Aucun cours d'eau de la colonie ne mérite le nom de voie navigable. Presque tous sont des torrents. Il n'y a pas de canaux non plus.

Routes.

Outre le chemin de fer, les communications sont assurées, sur le littoral, par la route de ceinture qui suit généralement le bord de la mer.

Une autre route, dite Hubert-de-Lisle, va de la Possession à Saint-Joseph, et relie également quelques communes de l'autre côté de l'île. Elle est parallèle à la route du littoral à une altitude très variable, mais dont la moyenne est d'environ 360 mètres.

Un excellent chemin de voitures, ainsi qu'un service public d'automobiles, conduit de Saint-André à Hell-Bourg, dans l'intérieur de l'île, où se trouvent les sources thermales de Salazie et de Saint-Benoît, à la Plaine des Palmistes.

Une autre voie carrossable traverse l'île d'un rivage à l'autre, en passant par la Plaine des Cafres et la Plaine des Palmistes, et un service d'automobiles fonctionne entre Saint-Pierre et Saint-Benoît.

Porteurs.

Partout ailleurs, notamment pour se rendre aux bains sulfu-
reux de Mafatte, aux thermes ferrugineux de Cilaos ou à la source
bicarbonatée sodique du Bras-Gabot, il faut prendre des chemins
accessibles aux bœufs porteurs, mais où les transports des colis se
font surtout à tête d'homme. Les transports des personnes,
notamment des malades, se font au moyen de fauteuils spéciaux,
sortes de filanzanes portés à bras d'homme.

Enfin divers sentiers encore plus étroits et parfois d'un passage
très difficile sillonnent l'intérieur de l'île et montent jusqu'au
sommet du Piton des Neiges. Ce sont d'anciens sentiers tracés par
les noirs marrons (esclaves fugitifs réfugiés dans les endroits presque impénétrables de l'intérieur, autrefois) et entretenus par le
service forestier.

IV

La vie coloniale.

La vie à la Réunion est, dans les villes, à peu de chose près,
ce qu'elle est en France, avec les modifications qu'apporte le
climat aux habitudes.

Les relations avec les créoles.

Les créoles méritent en tous points leur réputation d'hospita-
lité, d'affabilité et de bonne grâce ; et s'ils ont, en même temps
qu'un vif amour pour la patrie française, un sentiment très
développé de patriotisme local, il convient de respecter cette fierté
très justifiée que leur inspire leur beau pays, son passé déjà brillant
et des illustrations dans tous les genres qui suffiraient pour faire
la gloire d'un département français.

Les réunions mondaines. — Les plaisirs intellectuels.

A Saint-Denis, les réunions mondaines sont fréquentes. La
saison théâtrale annuelle vaut celle d'une bonne préfecture de pro-
vince et est très suivie. Les conférences publiques, les soirées
musicales, les réunions sportives, les bibliothèques publiques, la
presse locale, qui comprend trois journaux quotidiens et plusieurs
périodiques, les intéressantes collections du Muséum d'histoire
naturelle, du musée d'art Léon Dierx, les archives locales, les

promenades au Jardin botanique, les excursions au volcan ou dans les hauts, la peinture ou la photographie, fécondes en surprise, des admirables points de vue qui abondent dans ce pays si pittoresque, les fêtes scolaires, etc.., peuvent donner une large satisfaction aux besoins de l'esprit. L'Académie de la Réunion (1913), la Société des Sciences et des Arts (1920) et l'Université populaire (1921), qui comptent un grand nombre d'adhérents, contribuent à la haute culture intellectuelle. Les habitants des campagnes, grâce à la facilité des communications, se mêlent, quand ils le veulent, aux plaisirs intellectuels et sociaux des cités, qui réunissent ainsi, à certaines dates, l'élite de toute la colonie.

L'enseignement à la Réunion. — Le lycée. —
L'instruction des enfants.

Un excellent lycée et de nombreuses écoles assurent l'instruction et l'éducation des enfants.

Le lycée Leconte de Lisle (fondé en 1818 par le Gouverneur Milius) donne l'enseignement secondaire : 29 professeurs, 350 élèves.

Le collège Juliette Dodu prépare les jeunes filles aux différents brevets de l'enseignement primaire et à la première partie du baccalauréat.

Le cours normal mixte prépare au brevet supérieur et aux fonctions d'instituteur et d'institutrice.

L'enseignement primaire est donné dans 143 écoles publiques et l'enseignement primaire supérieur dans 19 cours complémentaires : 321 instituteurs et institutrices et 13.566 élèves.

Peu de place pour de nouveaux colons.

L'activité commerciale, intense à Saint-Denis, se fait encore vivement sentir dans les principaux quartiers de l'île.

L'agriculture, base de toute richesse dans le pays, est très développée. Il n'y a que peu de places nouvelles à prendre dans une aussi vieille colonie, soit pour des commerçants européens, soit pour des agriculteurs étrangers au pays.

Pour la grande culture et le commerce, nécessité
de capitaux importants.

Seuls, les colons possesseurs de capitaux élevés pourraient rouver leur emploi dans l'achat et l'exploitation de grandes propriétés rurales du littoral dont la mise en vente est d'ailleurs assez rare.

Les grandes maisons de commerce actuelles sont déjà très nombreuses.

En revanche, l'intérêt de l'argent pouvant monter jusqu'à 7 et 9 p. 100 avec autant de sécurité que dans les autres pays, les capitalistes peuvent parfaitement consacrer une partie de leurs fonds disponibles à des opérations de banque, à des prêts à des sociétés de crédit, ou à des avances à de grandes propriétés sucrières.

Nous avons signalé la couronne de plaines qui fait, en quelque sorte, pendant à la couronne du littoral.

Ces petites plaines, encore mal délimitées et assez mal connues, sont très propres à l'élevage des bœufs, des porcs et des moutons (voir le paragraphe élevage) et les cultures maraîchères pourraient y être tentées par d'habiles fermiers.

Presque tous les terrains d'une superficie un peu étendue et susceptibles d'être concédés l'ont été depuis longtemps.

Petits rentiers.

En revanche, nombre de petits rentiers, épris d'une vie simple et peu coûteuse, trouvent dans les cirques de l'intérieur de l'île un climat idéal qu'ils peuvent choisir à leur gré, sec ou humide, froid, chaud ou tempéré, en même temps qu'ils se procurent à bon marché tout ce qui est indispensable pour vivre.

On peut dire encore des hauts de l'île ce que l'astronome Legentil disait de toute l'île, il y a un peu plus d'un siècle (1781), et ce qui ne saurait plus s'appliquer au-littoral. « Je n'exagère pas en assurant qu'une personne qui évite toute sorte d'excès dans cette île fortunée peut, à coup sûr, calculer la durée de sa vie ».

Climats. — Températures moyennes. — Saisons, pluies.

A cause de sa configuration, les climats de l'île sont très variés.

Toutefois, deux grandes divisions, la partie du vent et la partie sous le vent, présentent des différences constantes.

La partie du vent est très pluvieuse de Saint-Philippe à Saint-Benoît. Le reste de l'île, surtout de la Possession à Saint-Pierre est sec.

Sur le littoral, la température moyenne de l'année est de 24°
(Saint-Benoît) à 27° (Saint-Paul). Le maximum observé assez fré-
quemment est de 32° . Le minimum 14° à 15°.

Ces températures s'abaissent à mesure qu'on s'élève dans les
montagnes. A 1.200 mètres d'altitude, par exemple, la moyenne
du littoral, 24° à 27°, devient le maximum. Le minimum 14° 7
devient la moyenne, tandis que le minimum s'abaisse parfois jusqu'à 4° au-dessous de zéro.

Les températures varient encore selon les deux saisons qui exis-
tent à la Réunion : la saison chaude (hivernage) de novembre à
avril, saison des pluies et des cyclones, qui sont un fléau pour l'île,
et la saison plus fraîche (hiver) de mai à octobre, pendant laquelle
souffle l'alizé du sud-est.

Hygiène. — Différence entre autrefois et aujourd'hui.

La Réunion offrait autrefois toutes les conditions les plus favorables à la vie humaine. De Flacourt (1654) l'appelait un paradis
terrestre et la considérait comme le meilleur sanatorium où l'on
pût envoyer les malades qui ne pouvaient guérir des affections qu'ils
avaient contractées à Madagascar; François Leguat (1689), calvi-
niste réfugié en Hollande, n'hésitait pas à entreprendre un long
voyage pour tenter un établissement dans cette île qu'il appelait
Éden. Elle méritait ce nom en raison de son climat délicieux, de
sa flore opulente, de sa faune aux types étranges, restes disparus
d'un ancien continent. Aucun animal venimeux n'y existait, ni
dans l'air ni sur la terre. Les bœufs sauvages, les porcs, les cabris,
les tortues, y abondaient. Le dronte ou solitaire, les canards, les
oies, les pigeons, s'y trouvaient en si grand nombre qu'on ne chas-
sait ces oiseaux, peu farouches, qu'à coups de bâton. La quantité
de poissons qui peuplaient les rivières était telle qu'elle faisait
chanceler ceux qui les passaient à gué (Jacob de la Haye, 1690).
De magnifiques forêts, riches en bois de charpente, et des arbres
fruitiers, couvraient les pentes des montagnes. Les exhalaisons de
la terre ainsi que des plantes aromatiques dont elle était couverte
rendaient l'air qu'on y respirait aussi salutaire qu'agréable.

Telle était l'Ile de la Réunion à la fin du xvii° siècle. Bien des
changements sont survenus depuis cette époque.

Les grandes forêts, sur les déclivités, ont fait place aux plan-
tations de canne à sucre. Les cours d'eau si limpides, si abondants,
ayant perdu leur réservoir d'humidité, ne sont souvent plus que

des torrents asséchés, excepté à l'époque des grandes pluies de l'hivernage, et, par cela même, le climat a été profondément modifié.

L'immigration incessante des travailleurs asiatiques et africains, nécessaire à l'établissement et au maintien de la grande propriété, a favorisé l'introduction des germes de maladies épidémiques ou endémiques.

Si la violation des lois de l'hygiène a pu produire de si déplorables résultats, espérons que leur stricte observance dans l'avenir et la connaissance plus exacte des causes des maladies permettront de rendre bientôt à ce charmant pays son ancienne salubrité.

Principales maladies.

Les maladies endémiques à la Réunion sont celles que l'on trouve dans les pays chauds, à savoir : paludisme sous toutes ses formes, congestions hépatiques, typhoïde, tuberculose, béribéri, lymphangite, lèpre, tétanos, diphtérie, dysenterie.

La mortalité.

La mortalité est encore élevée à la Réunion, bien que cette île jouisse de conditions climatériques particulièrement favorables en raison de sa situation au milieu de l'Océan Indien, de sa topographie, de sa constitution géologique, de ses excellentes stations d'altitude.

Statistique démographique triennale (années 1920, 1921, et 1922).

Moyenne pour 1.000 habitants : naissances 38,64 ; décès 26,54.

Le taux de la mortalité est toujours élevé :

    23,8 p. 1.000 en 1920
    29,1   —   en 1922
    26,5   —   en 1923

Alors que dans les communes situées à une certaine altitude le pourcentage de la mortalité est relativement faible :

    12,7 p. 1.000 en 1920)
    15,7   —   en 1921 } Plaine des Palmistes.
    22,5   —   en 1922)
    13,5   —   en 1920)
    10,8   —   en 1921 } Hell-Bourg.
    26,6   —   en 1922)
    15,1 p. 1.000 en 1920)
    16,4   —   en 1921 } Cilaos.
    11   —   en 1922)

$$17,12 \quad - \quad \text{en } 1920$$
$$28,3 \quad - \quad \text{en } 1921 \qquad \text{Trois-Bassins.}$$
$$28,1 \quad - \quad \text{en } 1922$$

le pourcentage de la mortalité atteint un taux élevé sur toute la côte, notamment à Saint-Denis et à Saint-Benoît, où la moyenne triennale (1920-1921-1922) atteint 37,42 p. 1.000 pour le chef-lieu et 32 p. 1.000 pour Saint-Benoît.

L'excédent des naissances sur les décès est de 1.466 en 1920, de 1.714 en 1921, de 2.025 en 1922.

La mortalité infantile est considérable : plus de 200 p. 1.000 dans les deux premières années de la vie en 1923.

Une consultation gratuite pour les femmes et les enfants a été créée à Saint-Denis comme annexe à la Maternité.

Une Maternité entretenue par le budget de cette commune a été créée à Saint-Paul.

Prophylaxie générale.

Le service de santé a créé des sections de prophylaxie, par application de la loi du 15 février 1902 sur la santé publique, qui ont pour but :

1° La suppression des collections d'eau à la surface du sol ;

2° La suppression de diminution de l'humidité dans la profondeur du sol ;

3° La destruction des moustiques ;

4° L'éloignement ou isolement des malades ;

5° La surveillance et le contrôle de la propreté des habitations et de leurs alentours au point de vue de la prophylaxie culicide et antilarvaire ;

6° De procéder à la fumigation des appartements contamimés dans les centres peuplés ;

7° La distribution gratuite de quinine aux enfants des écoles.

En dehors des maladies que nous avons citées, le choléra, la variole, la peste, la rougeole, l'influenza, n'ont jamais fait que de très courtes apparitions dans l'île : elles y ont toujours été introduites par les navires venant du dehors. La conquête de Madagascar a été suivie de l'introduction à la Réunion du béribéri et de la chique.

Pas de maladie dans les hauts de l'île.

En raison de la forme conique de l'île et de la disposition en amphithéâtre des terres cultivables, d'où résulte un abaissement

Le Bassin Pigeon.

de la température à mesure qu'on s'élève, la plupart des maladies du littoral cessent d'être observées dans l'intérieur de l'île qui jouit d'un printemps perpétuel. Les hauts plateaux de l'intérieur, Plaine des Cafres, Plaine des Palmistes, et les cirques de Salazie, Mafatte, Cilaos, peuvent être considérés comme de véritables sanatoria.

Guérison de la tuberculose à Cilaos.

« Les conditions climatériques qu'on y rencontre confèrent donc à ses heureux habitants une immunité remarquable contre cette affection et peuvent, non seulement prévenir efficacement le développement de la tuberculose, mais encore exercer une action curative dans les premières périodes de cette affection. » (Dr Mac Aulife.)

Sources thermales.

Il ne faut pas oublier de mentionner que dans ces cirques se trouvent des eaux sulfureuses et des eaux bicarbonatées sodiques, d'une température variant de 10° à 40° environ.

Un arrêté récent rend obligatoire pour les stations thermales classées de Hell-Bourg et de Cilaos la désinfection des maisons occupées par les villégiaturistes. Ce service est assuré gratuitement par la colonie sous le contrôle d'un médecin-résident.

Les règles d'hygiène que l'Européen doit suivre à la Réunion, sur le littoral, ne diffèrent pas de celles qui lui sont imposées dans tous les pays chauds.

Vêtements.

On trouve à Saint-Denis, à un prix raisonnable, tous les vêtements coloniaux nécessaires, toile, alpaga, flanelle, ceintures, chaussures légères et casques blancs qu'on porte pendant l'hivernage depuis le lever jusqu'au coucher du soleil.

Meilleur moment pour arriver dans la colonie.

Le meilleur moment pour venir à la Réunion est, sans contredit, le mois d'avril. L'Européen quitte ainsi son pays au printemps et arrive également dans une saison qui paraît continuer ce printemps d'Europe. Il aura ainsi pour s'acclimater les six mois de la saison la moins chaude.

NOURRITURE

Prix des aliments. — Viandes.

Il fera usage d'une nourriture saine et abondante qui est celle de toutes les personnes aisées de l'île. Le bœuf frais vaut de 3 à 4 francs le kilo; le porc 5 francs le kilo. Les poulets 3 à 6 francs, suivant la saison et le poids; les pintades 7 francs; les canards de 5 à 9 francs; les dindons 10 à 20 francs; le cabri, viande très saine, 3 francs le kilo; les lapins et les oies sont assez rares. Le gibier se rencontre encore assez abondamment, lièvres, perdrix, merles, cailles, cerfs, mais ne se vend pas au marché. La tortue de terre, qui vient de Madagascar et s'engraisse dans des parcs comme les porcs, est devenue rare et très chère. Le mouton et le veau sont rares.

Poissons.

Les poissons de mer sont excellents (2 fr. 50 la livre) mais ils demandent à être consommés absolument frais et certaines espèces doivent être rejetées à certaines époques. Les huîtres venant de Maurice sont un grand luxe et les moules récoltées sur les récifs sont assez bonnes. Les poissons d'eau douce sont exquis quand ils proviennent de l'eau courante, malheureusement ils diminuent de jour en jour, notamment les chittes (Nestis cyprinoïdes) poisson comparable à la truite pour le goût et la finesse, et les chevrettes ou camarons, délicieux crustacés, écrevisses de la Réunion. Les poissons d'étang ou de vivier, gouramiers (Osphronemus olfax), mulets (Mugil borbonicus), cabots (Cotylopus acutipinnis), et (Elestris cyprinoïdes), monbruns (Cyprinus thoracatus), anguilles (Anguilla marmorata), poissons plats (Doules rupestris), bien choisis, sont encore excellents.

Pain, vin, grains, conserves, fruits.

Le pain vaut 2 fr. 50 à 3 francs le kilo; le vin de bonne qualité, 450 à 650 francs la barrique de 220 litres; le saindoux, 5 à 6 francs le kilo; le riz, 1 franc en moyenne; le café, 4 à 6 francs; le sucre, 1 fr. 20 le kilo; la morue, 3 à 4 francs le kilo, est de qualité ordinaire; la farine vaut 2 fr. 50 à 3 francs le kilo; les grains, tels que maïs, haricots, pois, lentilles, sont abondants; le sel et le pétrole également; tous les articles de ménage se vendent à un cours peu élevé au-dessus des prix de France. Des conserves nombreuses et variées, à des prix très abordables, ajoutent un appoint important à la cuisine locale. Le manioc est de première qualité ; on a des bananes excellentes toute l'année, et les fruits, notamment les mangues, sont à la hauteur de leur réputation. Les légumes sont abondants. Presque toute la cuisine créole se fait à la marmite et à la graisse de porc. La cuisine au beurre ou à l'huile serait plus saine. L'Européen évitera les excès de table et en général tous les excès, surtout l'abus des spiritueux. Les ananas, les letchis, les mangues, tous fruits délicieux qui tentent beaucoup l'arrivant, mais qui engendrent souvent des maladies de l'intestin, n'entreront dans son alimentation que pour une faible proportion.

Bains, douches. — Propreté. — Eau.

Une propreté minutieuse, assurée par l'usage des douches et des bains froids savonneux, est absolument de rigueur.

Il sera bon au point de vue alimentaire de ne faire usage que d'eau filtrée.

Domestiques.

On trouve partout, assez facilement, des domestiques pour 40 à 60 francs par mois, pour les travaux de la cuisine et du ménage. Ils sont dociles et respectueux. La plupart sont de race créole.

Loyers.

Dans les villes, les loyers sont assez élevés. Une maison en bois, de cinq ou six pièces se loue au mois de 75 à 150 francs. De jolis jardins entourent généralement ces maisons.

Organisation du service de santé et des hôpitaux.

Le service de santé est assuré de la manière la plus satisfaisante par de nombreux médecins civils. Des pharmaciens, fort bien approvisionnés, se trouvent partout sur le littoral dans les centres populeux.

Des hôpitaux, coloniaux et communaux, présentent aux malades tout le confort et toutes les garanties désirables.

Il existe à Saint-Paul un hospice d'aliénés.

Certaines grandes propriétés sucrières ont leur hôpital particulier.

V

Organisation administrative.

La constitution de la colonie est réglée par le sénatus-consulte du 3 mai 1854 et différents décrets et lois ultérieurs.

A la tête de l'administration se trouve le Gouverneur, qui possède toutes les attributions d'un préfet en France, mais qui, en outre, a des pouvoirs plus étendus à cause de l'éloignement de la Métropole.

Il promulgue dans la colonie les lois et décrets nouvellement édictés en France et les rend ainsi exécutoires.

Il est assisté d'un Conseil privé consultatif qu'il préside et qui comprend : le secrétaire général, le procureur général et deux conseillers privés présentés par le Gouverneur et nommés par décret sur la proposition du Ministre des Colonies.

Le Conseil privé constitue, avec l'adjonction de deux magistrats choisis par le Gouverneur, un tribunal spécial de contentieux administratif.

Le secrétaire général remplace le Gouverneur en cas d'absence ou d'empêchement.

Un Conseil général, composé de 36 membres et élu au suffrage universel, établit le budget local. Ses attributions sont celles des conseils généraux des départements français avec quelques additions, notamment en ce qui concerne l'établissement des droits de douane et des impôts.

Entre les sessions du Conseil général, une commission coloniale donne son avis sur certaines questions d'intérêt public et délibère sur celles qui lui sont déférées par la loi.

L'organisation municipale est exactement semblable à celle de la France et est régie par les mêmes lois.

Les électeurs de la Réunion élisent deux députés et un sénateur, exactement dans les mêmes conditions que les autres électeurs français.

Une chambre de commerce et une chambre d'agriculture sont instituées à la Réunion.

L'administration de la justice comprend une cour d'appel, deux cours d'assises, deux tribunaux de première instance et neuf justices de paix. Les avocats, notaires, avoués, huissiers et greffiers, sont régis par les mêmes règlements qu'en France.

Les pays étrangers qui sont représentés par des consuls à la Réunion sont : l'Angleterre, l'Italie, le Portugal, la Belgique, la Norvège.

Le service du recrutement fonctionne sur les mêmes bases qu'en France, et un capitaine d'infanterie coloniale a le commandement et l'administration militaires sous la haute autorité du Gouverneur. La garnison est formée par une compagnie d'infanterie coloniale.

Le service de l'enseignement primaire et celui de l'enseignement secondaire ont pris un développement considérable depuis quelques années.

Les services des douanes, des contributions directes et indirectes, de l'enregistrement, du timbre et des domaines, des P. T. T., des poids et mesures, des ponts et chaussées, de la police, des prisons, des hôpitaux, comprennent un personnel important et fonctionnent avec les mêmes règlements qu'en France. Un trésorier-payeur général dirige les services financiers à Saint-Denis, où se trouve aussi la Banque de la Réunion, établissement ayant le privilège d'émettre de la monnaie.

Il y a 11 percepteurs.

Télégraphe local.

Le télégraphe et le téléphone relient les principaux centres de l'île.

Le tarif pour les dépêches privées est de 0 fr. 50 avec surtaxe de 0 fr. 15 de un à dix mots ; de 0 fr. 05 par mot en plus avec surtaxe de 0 fr. 25 pour les télégrammes de plus de vingt mots.

Ce tarif sera modifié comme suit :

0 fr. 10 par mot jusqu'à dix mots avec minimum de perception de 1 franc ; au-dessus de dix mots 5 centimes par mot (lorsque la délibération du Conseil général de la Réunion du 20 novembre 1923 aura été approuvée par le Département).

Le tarif de nuit de 6 heures du soir à 6 heures du matin est de 5 francs en sus du tarif de jour.

Câbles sous-marin.

Deux câbles sous-marins relient la colonie à la Métropole : l'un via Maurice et l'autre via Tamatave.

Poste. — Télégraphe. — Téléphone

Statistique du télégraphe à la Réunion au 31 décembre 1923.
Téléphone. — Service public.

1. — Nombre de bureaux..		37
2. — Nombre de postes téléphoniques	a) Principaux	848
	b) Supplémentaires .	3
	c) Cabines publiques	43
3. — Nombre de kilomètres de fils (pas de lignes).........................		860
	a) fils urbains..................	60
	b) fils interurbains...............	800
4. — Nombre de kilomètres de lignes (certains circuits étant unifilaires)		520
5. — Nombre de conversations.............		117.746
6. — Produit brut des taxes téléphoniques...		111,857,46

Télégraphe. — Service public.

1. — Nombre de bureaux centraux..........	37
2. — Nombre de kilomètres de fils.., ...	384
3. — Nombre de kilomètres de fils au pylône.	144
4. — Nombre de télégrammes payés...	04.868
5. — Produit brut des taxes télégraphiques.	211.796,48

VI

Impôts. — Taxes.

L'impôt foncier n'existe pas à la Réunion ; il est remplacé par un droit de sortie de 3 p. 100 sur les principaux produits.

L'impôt de capitation, qui était de 6 francs par an et par tête, a été supprimé. La taxe de consommation sur les spiritueux est de 3 francs par litre d'alcool pur ; sur les tabacs, 2 francs par kilo.

(Voir plus loin ce qui concerne l'impôt des patentes).

Impôt des maisons, o fr. 35 p. 100 de la valeur locative. Impôt des voitures, 75 à 120 francs ; des charrettes, 2 fr. 50 ; des automobiles, 35 francs ou 70 francs, plus 4 francs par H. P., plus 5 francs au-dessus de 12 H.P.

VII

Les forêts.

Les bains thermaux et les sources minérales sont exploités directement par la colonie elle-même.

Le service forestier, qui est des plus importants, procède partout où c'est possible à des reboisements. Mais les précieuses essences ont en partie disparu et les endroits où l'on trouve encore des arbres de haute futaie sont devenus rares.

En revanche les bois taillés, les fourrés buissonneux sont très nombreux, mais de moindre valeur.

Ajoutons que tous les terrains d'une pente de plus de 45 degrés sont réservés au domaine de la colonie qui interdit, sur ces pentes, tout défrichement dont le résultat rapide est l'enlèvement des terres par les pluies, le dénudement des roches, la transformation de sols verdoyants en déserts de pierres et la suppression des sources.

Mines.

Il n'y a pas de mines exploitables à la Réunion.

Citons toutefois entre Saint-Leu et Saint-Louis une ravine, la *Ravine des Sables*, constituée par un immense dépôt de sable noir d'une finesse extrême et qui contient plus de 50 p. 100 d'un minerai de fer titané d'une qualité toute particulière et comparable à celui qui fournit au Japon des aciers d'une exceptionnelle réputation.

On étudie actuellement, tant pour l'électrification du chemin de fer que pour l'éclairage et l'industrie, l'utilisation hydro-électrique des principales rivières et chutes d'eau.

VIII

Les productions du sol.

La principale culture de la Réunion est celle de la canne à sucre, qui demande d'immenses surfaces, de grandes et coûteuses usines et de très forts capitaux.

Cette culture a été entreprise à une époque où le prix du sucre était très rémunérateur et de très belles fortunes ont été établies, grâce à la canne à sucre.

Mais ce prix a beaucoup décru depuis la grande production des sucres de betterave, et bien que la fabrication se soit sensiblement améliorée, bien que les rendements des terres aient été doublés par les engrais, bien que le perfectionnement des machines ait considérablement réduit les frais des usines, bien qu'une intelligente direction et une louable émulation aient partout réalisé des merveilles d'économie et la meilleure utilisation possible de tous les éléments de production, les revenus des établissements sucriers avaient notablement diminué. — Ils ont sensiblement augmenté depuis la guerre entraînant une hausse sur le prix des terrains.

En dehors de la canne à sucre, les plus importantes productions du pays sont la vanille, le café, le maïs, le manioc, et les essences (géranium, ylang-ylang, etc.).

Quant aux autres cultures, toutes celles de France peuvent être entreprises avec succès dans les hauts de l'île, et toutes celles des pays chauds sur le littoral.

Voici une liste de fruits d'après Maillard, dressée en 1860. Bien peu d'espèces nouvelles ont été introduites depuis, sauf peut-être la châtaigne, dont les fruits sont rares.

Avocat atte, ananas, amande, abricot, arachide, bergamotte, bibasse, bananes, bigarade, badamier, bilimbi, citrons, combava, coing, coco, corossol, cœur-de-bœuf, cherimolier, carambole, cerise de France, cerise du Brésil, coing de Chine, datte, évy, framboise, figue d'Europe, fruit à pain, fraise, goyave rouge, blanche et de Chine, gombaud, grenade, grenadille, jacque, jamlong, jamrosa, jujube, longani, letchi, lime, limon, mangue, mangoustan, manbolo, mûrier, mandarine, noix d'acajou, de bancoul, de pignon d'Inde, noix de France, orange, prune de France, de Madagascar, de Chine, poire de France, pomme de France, papaye, pêche, pamplemousse, roussaille, rima, raisin, sapotille, sapote, tamarin du pays, tamarin de l'Inde, vangassaye, vavangue.

Produits récoltés ou fabriqués pendant l'année 1923.

1. — Rhum	3.873.769	litres d'alcool pur.	
2. — Sucre	45.000	onnes.	
3. — Vanille	100.000	kilogrammes.	
4. — Essences.	a) géranium	95.000	—
	b) Vétyver	4.500	—
	c) Ylanh-Ylang	4.000	—
	d) Lemon grass	400	—
5. — Café	60.000	—	
6. — Tapioca	800	tonne.	
7. — Manioc	15.000	—	
8. — Fécules	200	—	
9. — Maïs	5.000	—	

IX

Élevage.

L'élevage, à la Réunion, bien compris et pratiqué par des spécialistes, pourrait certainement rendre de grands services à la colonie et procurer de beaux bénéfices.

Bœufs.

Il est à remarquer, en effet, que la Réunion est constamment obligée, pour son approvisionnement, de faire venir des bœufs de Madagascar dans des conditions onéreuses.

Produits du lait. — Moutons. — Cabris. — Volailles et lapins.

Le beurre frais, la crème, le fromage frais atteignent des prix rémunérateurs. D'autre part, les viandes de mouton sont rares sur le marché ; les chèvres (cabris) et les porcs provenant des fermes sont d'un très bon produit ; la volaille elle-même et les lapins se vendent fort bien, ce qui n'empêche pas l'importation constante dans le pays de toutes sortes de conserves, notamment plus de 500.000 kilos de saindoux par an, destinés à la cuisine et se vendant de 4 fr. 50 à 6 francs le kilo.

Porcs.

L'élevage des porcs, pour substituer du saindoux du pays, frais et sain, aux saindoux venus du dehors, est donc tout d'abord indiqué, jusqu'à production de 500.000 kilos par an, pour la colonie elle-même, puis jusqu'à un chiffre indéterminé — mais des plus élevés — à destination de Madagascar.

Le travail de la terre qui, sous les tropiques, est interdit à tout Européen au moins pendant les heures chaudes du jour est parfaitement possible pour tout le monde, à toutes les heures et en toute saison, dans les hauts de la Réunion, à l'altitude de 1.000 à 2.000 mètres, où se trouvent, en moyenne, les petites plaines que nous avons citées plus haut et où tous les arbres fruitiers, même les poiriers, dont la zone de production est, en Europe, si limitée, peuvent parfaitement s'acclimater de même que les légumes.

Plantes sauvages propres à l'élevage.

De plus, en ce qui concerne l'élevage, nombre de plantes propres à nourrir les bestiaux : fourrages, arbustes, racines, tubercules, poussent à l'état sauvage.

Épizooties.

Il convient, en terminant, de signaler que différentes épizooties ont atteint les troupeaux de la Réunion sur le littoral, notamment la **peste** bovine (rare), le charbon, le typhus, la tuberculose (rare).

Mais, toujours, ces maladies ont pu être évitées par les habitants des hauts, moyennant quelques précautions sanitaires, l'isolement étant des plus faciles. Enfin, ces épizooties n'ont jamais dépassé l'altitude de 1.200 mètres. La morve et le farcin sont très rares et viennent toujours de l'importation.

La rage sur les chiens, qui existe à Maurice et à Madagascar, n'a jamais été constatée à la Réunion.

De même le rouget du porc, la fièvre aphteuse, la dourine, sont ici tout à fait inconnus.

<h1 style="text-align:center">X</h1>

Industries diverses.

Toutes les industries existant à la Réunion, et toutes celles qu'on y pourrait fonder, reposent sur l'agriculture.

Distilleries.

La culture de la canne étant la grande culture du pays, la principale industrie repose sur la canne. C'est la transformation des jus de canne en sucre et des résidus de fabrication des sucres en alcool.

Cette industrie fait de continuels progrès.

Il existe aussi, sur certains points de l'île, plusieurs usines pour la fabrication du tapioca.

L'exportation des rhums atteint actuellement deux millions de litres.

Essences.

La distillation des plantes à parfum donne aussi quelques bénéfices.

Les essences de géranium et de vétyver atteignent des prix assez rémunérateurs. Celle d'ylang-ylang vaut jusqu'à 400 francs le litre quand elle est très pure.

On exporte de 10 à 15.000 litres d'huiles essentielles par an.

Toute entreprise de ce genre doit commencer par la plantation des fleurs ou des arbres à essences. L'ylang-ylang demande de cinq à dix ans pour être en pleine production.

Salazie. — Le pont du village (Petit-Sable).

Vins.

On consomme beaucoup de vins à la Réunion (deux à trois millions de litres par an) et le tout vient de l'extérieur, presque-exclusivement de France.

La vigne pousse assez bien dans le pays; elle produit toute l'année, mais, sauf dans certains endroits des hauts, la maturité des raisins n'est pas uniforme. Il faudrait donc, pour obtenir un vin de raisins mûrs, constituer de grands vignobles et faire presque quotidiennement la vendange des raisins mûrs pour fabriquer au fur et à mesure quelques barriques de vin, ce qui ne manquerait pas de présenter de sérieuses difficultés dans la pratique.

Brassage de bière.

On fabrique de la bière, notamment avec du maïs ou avec de l'orge poussé dans les hauts (la bière vaut plus de 2 francs la bouteille).

Cidres.

Certains fruits, très abondants, peuvent aussi donner des cidres ou vins de bonne garde. Citons l'ananas (Bromelia ananas), le letchys (Euphoria lichti) et surtout le jamlong dans les bas (Syzygium Jambolanum), la bibasse, néflier du Japon, (Eryobotria japonica), aux altitudes moyennes, et la goyave de Chine (Psidium sinense) dans les hauts, avec la banane partout.

La bagasse, pâte à papier.

La canne à sucre pourrait encore alimenter une autre industrie. La bagasse (résidu de la canne après son passage dans les cylindres écraseurs) est une pâte à papier de la meilleure qualité, supérieure de beaucoup aux pâtes de bois ou de chiffons les plus coûteuses. Cette bagasse sert de combustible dans les usines et vaut beaucoup plus que le charbon qu'elle remplace.

C'est, en réalité, une grande source de revenus perdue.

Conserves.

Si l'on ne transforme pas en boisson les fruits que nous avons cités plus haut, on peut en faire des conserves très appréciées sur les marchés d'Europe et d'Amérique. Les conserves d'ananas, par boîtes de 7 à 10 kilos, sont d'un débit courant en France. Les conserves bien faites de mangues et d'autres fruits tropicaux sont des conserves de luxe.

L'industrie des conserves est encore très limitée à la Réunion, mais peut parfaitement prendre un rapide essor.

L'industrie de la fabrication des boîtes de conserves suivrait naturellement.

Fruits desséchés.

On a réussi, sans difficulté, à faire des « pruneaux » avec des bibasses. On peut sécher des raisins et des dattes comme dans les pays de production.

Ajoutons que les prunes de France (prunes d'Agen) viennent dans la perfection à Cilaos, donnent de très beaux produits et ne sont point attaquées par les insectes, contrairement aux pêches.

Tapiocas.

La fabrication des tapiocas obtenus des fécules de manioc est assez florissante et donne des produits très prisés en France. (Les exposants de la Réunion en 1900 ont tous obtenu une médaille d'or.

Arrow-root.

D'autre part, la fabrication de la poudre d'arrow-root (Maranta arundinacea), qui est très demandée en Europe et avec laquelle, seule, certains biscuits peuvent être fabriqués, pourrait être entreprise avec fruit.

Chasse et pêche.

Aucune industrie importante basée sur la chasse ou la pêche n'a été entreprise à la Réunion.

Il est à noter que la Réunion consomme une grande quantité de morues venant du dehors (près d'un million de kilos par an, plus de 5 kilos par personne). C'est le fond de la nourriture (du kari) avec le riz, venu également de l'extérieur (de 20 à 25 millions de kilos par an). Il est regrettable que les campagnes de pêche aux îles Saint-Paul et Amsterdam n'aient plus été continuées.

XI

Le commerce.

La colonie ayant plus de deux cents ans d'existence, son commerce avec la Métropole est depuis longtemps connu et réglé. Il est cependant susceptible d'amélioration et d'accroissement.

Toutes les denrées de première nécessité, même, on l'a vu, le riz, qui fait le fond de la nourriture, nous vient de l'extérieur, et la plus grande partie de ces produits sont d'origine française, soit de la Métropole, soit des autres colonies, surtout Madagascar.

XII

Fret.

Les prix du fret varient de 125 à 500 francs la tonne ou le mètre cube suivant la nature de la marchandise.

Les maisons de commerce fonctionnent exactement comme en France; elles s'approvisionnent presque exclusivement dans la mère-patrie de tous les objets nécessaires à la colonie.

Maisons de gros et de demi-gros.

Elles cèdent leurs marchandises à quelques maisons de demi-gros établies dans les principaux quartiers, qui revendent aux nombreux petits détaillants répandus dans toute l'île.

Détaillants chinois et indiens.

Les principales maisons sont dirigées par des Français, mais le commerce de détail est aux mains des Chinois ou des Indiens musulmans, qui font une concurrence désastreuse à nos nationaux.

Les patentes, assez élevées, varient selon les classes et les communes, qui constituent des quartiers plus ou moins importants. (Voir plus loin les tarifs.)

Colis postaux.

Le tarif pour le transport des colis postaux est de 3 fr. 10 pour tous colis n'excédant pas le poids de 5 kilogrammes, le volume de 20 décimètres cubes et la dimension de 60 centimètres sur une face quelconque et de 4 fr. 50 pour les colis postaux de 10 kilos.

Tarifs du port. — Droit de tonnage.

Le droit de tonnage est de 3 fr. 50 par tonneau de jauge pour les navires à voile et de 2 fr. 475 pour les navires à vapeur ; tout navire opérant exclusivement au port de la Réunion est exempt du droit de tonnage pendant quatre mois après le premier payement du droit.

Droits de quai.

Par tonne du tarif officiel, 10 fr. 50 à l'embarquement et au débarquement.

Le charbon de terre est exempt, ainsi que l'eau douce, les provisions du bord et le lest.

Droits de magasinage.

Pour six mois, 4 fr. 125 par tonne du tarif officiel; et après six mois, 0 fr. 825 par mois, pour les sucres, riz, blés, grains, grains en balles, et toutes marchandises en caisses, ballots, barriques ou fûts.

Pour les marchandises dangereuses, 5 fr. 775 par tonne et par mois.

Pour les engrais et guanos, 3 fr. 775 par tonne pour trois mois.

Pour le poisson salé, 5 fr. 775 par tonne pour trois mois.

Pour les bois, 3 francs par tonne et par mois.

Pour les tissus et objets d'art *ad valorem*, 1 fr. 65 pour 1.000 francs et par mois.

Pour le charbon, à découvert, 2 fr. 475 pour trois mois et ensuite 0 fr. 825 par tonne et par mois.

Frais accessoires.

Pour les marchandises importées dans la colonie, il est perçu en outre, pour les frais accessoires de transport du quai au magasin, de mise en magasin, de sortie du magasin et de mise en wagon ou sur charrette, une taxe de 3 fr. 30 par tonne.

Manutention.

Des frais de manutention et de pesage augmentent ces prix de 4 à 5 francs par tonne du tarif officiel de la colonie.

Location de chalands. — Remorquage. — Pesage. — Pilotage.

La location d'un chaland pouvant porter 75 tonnes de charbon est de 41 fr. 25 par jour et par chaland.

Le remorquage des navires à voile, pris à deux milles de la jetée, est de 247 fr. 50 pour 300 tonneaux et au-dessous et de 0 fr. 412 par chaque tonneau en plus, entrée et sortie comprises.

Navires à vapeur, 412 fr. 50.

Chaque changement de place dans le port, 49 fr. 50.

Pesage d'un camion chargé ou d'un wagon, 4 fr. 125.

Le droit de pilotage est de 0 fr. 247 par tonneau de jauge.

Transports.

Le prix des transports de marchandises varie, suivant les marchandises, de 0 fr. 14 à 0 fr. 21 par tonne et par kilomètre, plus un droit fixe de 5 fr. 60 par expédition, et de 0 fr. 14 pour enregistrement.

En grande vitesse, les prix sont de 0 fr. 70 par tonne et par kilomètre, plus une taxe de 4 fr. 62 et de 0 fr. 165 par expédition.

En charrette, les prix varient d'une commune à l'autre et l'on traite de gré à gré. Il faut compter environ 20 francs par tonne et par journée de marche (25 à 30 kilomètres).

Patentes.

L'impôt des patentes est réparti en six classes variant, suivant la commune, dans les proportions suivantes :

Hors classe	de 850	francs	à 1.700	francs.	
1re classe	de 150	—	à	580	—
2e —	de 100	—	à	400	—
3e —	de 80	—	à	235	—
4e —	de 40	—	à	125	—
5e —	de 30	—	à	50	—

XIII

Régime douanier.

Le tarif général des douanes établi par la loi du 1er janvier 1892 a été mis en vigueur dans la colonie à partir du 1er janvier 1893.

Des décrets des 30 juin 1911, 18 septembre 1912, 23 juillet 1915 et 28 juillet 1916 déterminent les exceptions apportées à ce tarif en ce qui concerne les objets importés dans la colonie.

Voici la nomenclature de ces exceptions : chevaux, mules, mulets, ânes, ânesses, viandes salées, lait sucré, poissons secs, salés ou fumés, froment, riz, grains, fruits frais, sucres, sirops, bonbons, biscuits sucrés, confitures, tabacs, huiles de coco et de ricin, bois communs, légumes frais, tourteaux, plants et arbustes de serre et de pépinière, huiles minérales, produits chimiques pour engrais, sacs de jute, chaudières, pièces de rechange **de** machines, fûts en bois, allumettes, bois préparés pour **allumettes**.

L'octroi de mer est régi par le décret du 17 février 1891 et les arrêtés des 17 mars 1887 et 31 mars 1892.

Voici les tarifs sur les principales importations : Farines, 5 francs les 100 kilos ; grains, 1 franc les 100 kilos ; légumes secs, o fr. 80 les 100 kilos ; morue, 1 franç les 100 kilos ; riz, o fr. 40 les 100 kilos ; saindoux et beurre salé, 10 francs les 100 kilos ; vins ordinaires. 7 francs les 100 litres ; en bouteilles, 20 francs ; vins de liqueurs en fûts, 30 francs, en bouteilles ; 40 francs.

Les marchandises importées sont, en outre, assujetties à des taxes de consommation établies par les décrets des 21 novembre 1916 7 août et 1er décembre 1920 et les arrêtés des 21 décembre 1916, 13 août et 13 décembre 1920. On donne ci-après le tarif de la taxe de consommation sur les principaux articles importés : Farine o fr. 10 le kilo ; grains et pois du Cap, o fr. 10 le kilo ; tabacs, 10 francs le kilo : vin ordinaire, 10 francs l'hectolitre ; spiritueux, 1.000 francs l'hectolitre d'alcool pur ; pétrole, o fr. 05 le kilo ; savon ordinaire, o fr. 10 le kilo ; bougies o fr. 30 le kilo ; tissus de coton écru, o fr. 50 le kilo.

Les produits exportés supportent un droit de sortie de 3 p. 100 *ad valorem* qui est majoré de décimes proportionnels à la valeur des produits.

XIV

Établissements de crédit. — Service financier. —
Service monétaire. — Change.

Il y a deux établissements principaux de crédit à la Réunion La banque privilégiée, appelée Banque de la Réunion, et la Société Bourbonnaise de crédit.

Tous ces établissements, dont la clientèle est nombreuse et dont la fortune paraît bien assise, méritent confiance et se livrent à toutes les opérations que font les établissements financiers en France.

Les percepteurs sont en même temps receveurs municipaux. Les ressources des communes, en dehors de leurs biens propres, qui sont de minime importance, et des centimes qu'elles ont le droit d'ajouter au principal des contributions directes, consistent principalement dans la répartition qui est faite entre elles du montant des droits d'octroi perçus à l'entrée dans la colonie et des droits de consommation sur les spiritueux et les tabacs. Ces droits, ainsi que les droits de douane et de sortie pour certains produits, remplacent l'impôt foncier sur les propriétés non bâties, qui n'existe pas à la Réunion.

La Réunion connaît à peine la monnaie métallique. Depuis 1914, l'or et l'argent ne s'y rencontrent plus dans les transactions.

La monnaie en cours consiste dans les billets de la Banque de la Réunion, qui ont cours légal. Ils sont de 5, 25, 100, 500 fr.

La menue monnaie est assurée au moyen de jetons de nickel, mis en circulation par la Trésorerie, et qui sont de 0 fr. 50 et 1 franc, et de jetons en aluminium de 0 fr. 25, 0 fr. 10 et 0 fr. 50.

En raison de circonstances très variables et très diverses, spéculation, insuffisance de récoltes, excédent de l'importation sur l'exportation, les billets de la Banque de la Réunion sont le plus souvent frappés d'un change, qui, dans les années très favorables. ne dépasse pas 1/2 ou 1 p. 100. mais qui s'est élevé exceptionnellement jusqu'à 20 p. 100. Il est actuellement de 2 1/2 p. 100,

Le Budget local de la Colonie, prévu pour 1925, est de 26.535.318 francs en recettes.

MELUN. IMPRIMERIE ADMINISTRATIVE. — A. G. C. 1464 S

www.ingramcontent.com/pod-product-compliance
Ingram Content Group UK Ltd.
Pitfield, Milton Keynes, MK11 3LW, UK
UKHW022320170726
13837UKWH00005BA/2084